D1255395

DE AMORE

Manuel Machado, Pedro Salinas, Pablo Neruda, Olga Orozco,
Gabriel Ferrater, Carlos Barral, José Agustín Goytisolo, Jaime Gil de Biedma,
Alejandra Pizarnik, Luis Izquierdo, Cristina Peri Rossi, Ana María Moix,
Javier Velaza, Albert Balasch

LUMEN

Título: *De amore*

Primera edición: febrero, 2004

Printed in Spain – Impreso en España

ISBN: 84-264-1428-1
Depósito legal: B. 35 - 2004

Compuesto en Fotocomposición, 2000, S. A.

Impreso en A & M Gràfic, S. L.
Santa Perpètua de Mogoda (Barcelona)

H 414281

NOTA DEL EDITOR

*This poem I wished to write was to have expressed
exactly what I mean when I think the words I love
you, but I cannot know exactly what I mean; it
was to have been self-evidently true, but words
cannot verify themselves. So this poem will remain
unwriten.*

W. H. AUDEN,
An unwriten poem

Si bien toda antología es arbitraria, la que el lector tiene ahora
en sus manos tiene la ventaja de ceñirse exclusivamente a los
autores de ámbito hispánico publicados por Lumen en los últimos años, ordenados cronológicamente. Se trata de una propuesta al gusto anglosajón, que sirve, entre otras finalidades,
para ofrecer al público español una muestra de la labor urdida
en nuestro catálogo.

No hay duda de que el amor, la experiencia del amor –y con
él todas sus variables, desde la celebración de su alumbramien-
to hasta el largo lamento de su decadencia–, ha sido la principal
preocupación poética desde la noche de los tiempos, de tal
modo que ya no sabemos si el acto imaginativo de enamorarse es
en gran medida una creación literaria, hecha de los tópicos, las
imágenes, los gestos y el fraseo inventados por una tradición que
se remonta a los clásicos griegos y continúa en la poesía arábiga
o provenzal hasta llegar a la literatura dramática y de ahí a la novela. Eso explicaría la indesmayable popularidad que la poesía

de carácter amoroso goza entre el gran público, tantas veces reacio a participar o dejarse seducir por otras propuestas literarias. Quizá enamorarse sea la única operación creativa común a todos los mortales y por ello el esfuerzo y la problemática que suscita siempre la buena literatura sea, en el caso que nos ocupa, mucho más fácil de salvar. Fácil y peligrosamente identificable con uno mismo.

Cada generación tiene –o solía tener– su corpus poético dilecto, el espejo estético con que forjar las primeras efusiones, la arcilla verbal capaz de moldear los desvelos fundacionales. Así, para muchos españoles nacidos tras la guerra civil, fue la poesía de Pedro Salinas –el ciclo formado por *Razón de amor, La voz a ti debida* y *Largo lamento*– el canon amoroso primordial. Como lo sería para muchos la poesía exaltada y adolescente de Pablo Neruda en *Veinte poemas de amor y una canción desesperada* o, ya para las generaciones más jóvenes, los poemas de amor de un Jaime Gil de Biedma o de un Ángel González. En la presente selección tenemos la fortuna de contar con algunas de esas voces imprescindibles que han formado parte del acervo común a lo largo del siglo XX. En efecto, Salinas, Neruda, Gil de Biedma o José Agustín Goytisolo son autores excepcionalmente dotados para expresar esa sutil complejidad de las relaciones humanas que uno puede haber experimentado pero que no supo formular hasta leerla en sus versos. A ellos les acompañan otros nombres, quizá con menos fortuna popular, pero igualmente dignos de consideración y que, además, establecen a menudo una relación de curiosa correspondencia entre sí. En los poemas de Manuel Machado que abren el libro, por ejemplo, uno puede rastrear con placer la influencia que en los años sesenta tuvieron en la obra de poetas como Gabriel Ferrater o, de un modo más explícito, en Gil de Biedma. O las resonancias de Salinas en «Letanías profanas», el espléndido poema de Luis Izquierdo. De tal modo que, a pesar de las limitaciones inevitables de un volumen como este, el índice queda, a nuestro entender, suficientemente equilibrado.

A ello sin duda contribuye la posibilidad de incluir piezas que ya se cuentan entre las aportaciones más notables a la poesía latinoamericana del pasado siglo, como son los poemas de, además del citado Neruda, Alejandra Pizarnik, Olga Orozco o Cristina Peri Rossi. Por su parte, los poemas aquí incluidos de Gabriel Ferrater son buen exponente de la insoslayable riqueza de la tradición catalana.

Por último, nos ha parecido conveniente añadir algunos ejemplos de los poetas jóvenes que estamos publicando. Tanto Javier Velaza como Albert Balasch, de expresión catalana este último, son, a nuestro entender, dignos herederos de sus predecesores en el género.

Sirva esta antología, que nace sin ánimos de sentar precedentes o establecer cánones, como indisimulado homenaje a todos estos poetas, destacados perdedores en la tentativa imposible de expresar aquello –a un tiempo tan vago y tan obvio– a lo que se refiere Auden en la cita que sirve de pórtico a esta nota.

ANDREU JAUME

MANUEL MACHADO

Nació en Sevilla en 1874 y murió en Madrid en 1947. Siendo niño, se trasladó de Sevilla a Madrid y empezó a estudiar en la Institución Libre de Enseñanza. De 1898 a 1900 vivió en París, período que coincide con lo mejor de su producción poética, intensamente continuada luego durante varios años (*Alma*, 1902; *Caprichos*, 1905; *Los cantares*, 1907; *El mal poema*, 1909). En 1912 ingresó en la administración pública, fue bibliotecario en la Universidad de Santiago, y más tarde en Madrid, primero en la Biblioteca Nacional y luego en la Biblioteca y el Museo municipales. A partir de 1921, escribió también para la escena, campo en el que inició una íntima colaboración con su hermano Antonio (*Desdichas de la fortuna, Juan de Mañara, La duquesa de Benamejí*). Lumen ha publicado una amplia antología de toda su obra poética, titulada *Del arte largo* y preparada por Luisa Cotoner.

EL QUERER

En tu boca roja y fresca
beso, y mi sed no se apaga,
que en cada beso quisiera
beber entera tu alma.

Me he enamorado de ti,
y es enfermedad tan mala,
que ni la muerte la cura,
según dicen los que aman.

Loco me pongo si escucho
el ruido de tu falda,
y el contacto de tu mano
me da la vida y me mata.

Yo quisiera ser el aire
que toda entera te abraza;
yo quisiera ser la sangre
que corre por tus entrañas.

Son las líneas de tu cuerpo
el modelo de mis ansias,
el camino de mis besos
y el imán de mis miradas.

Siento al ceñir tu cintura
una duda que me mata,

que quisiera en un abrazo
todo tu cuerpo y tu alma.

Estoy enfermo de ti,
de curar no hay esperanza,
que, en la sed de este amor loco,
tú eres mi sed y mi agua.

Maldita sea la hora
en que penetré en tu casa,
en que vi tus ojos negros
y besé tus labios grana.

Maldita sea la sed
y maldita sea el agua...
Maldito sea el veneno
que envenena y que no mata.

(De *Cante hondo*)

14

PRIMER AMOR

Primer amor... ¡Vago lloro,
deseo de soledad,
inestimable tesoro,
sola y única bondad,
sol de oro
de verdad!

La noche callada ¡y Ella!
(que no es ella todavía).
Carmen, Amparo, María...
¿Ensueño?... ¿Mujer?... ¿Estrella?...
¡Oh, aquella
melancolía!

¡Oh, aquel beso en la almohada
y aquel mirar más allá,
con el alma en la mirada!
(Éxtasis divino ya.)
Y la amada,
¿dónde está?

Laura, Violante, Jimena,
Beatriz, señoras de amores;
Clara, Julia, Cinta, Flores.
Y la rubia Magdalena,
y la morena
Dolores.

Nombres de menta, sabrosos
al labio y al corazón,
despertares misteriosos,
entre lujuria y canción,
y hermosos
de sugestión.

Locas flores, pasajeras,
de las primeras pasiones,
de las primeras ojeras
y las primeras canciones.
¡Oh, primeras
ilusiones!

Pura, Amalia, Aurora... Coro
de la más divina edad.
Margarita, Soledad.
Primer amor... Vago lloro.
¡Sol de oro
de verdad!

(De *Caprichos*)

LA LLUVIA

Il pleure dans mon coeur
comme il pleut dans la ville.

VERLAINE

Yo tuve una vez amores.
Hoy es día de recuerdos.
Yo tuve una vez amores.

Hubo sol y hubo alegría.
Un día, ya bien pasado…
hubo sol y hubo alegría.

De todo, ¿qué me ha quedado?
De la mujer que me amaba,
de todo, ¿qué me ha quedado?…

… El aroma de su nombre,
el recuerdo de sus ojos
y el aroma de su nombre.

(De *Caprichos*)

MI PHRINÉ

No es cinismo. Es la verdad:
yo quiero a una mujer mala
fuera de la sociedad.
Una *déclassée*, lo sé,
pero... ¿la conoce usté?
¡No! Pues, bueno;
sea usted bueno y cállese,
que es el saber más profundo,
y nadie diga en el mundo
de este agua no beberé.

Es hermosa.
Sabe ser
a ratos voluptuosa
y querer,
o no querer.

De la prosa, sabe hacer
otra cosa.
Y es mujer
muy hermosa,
muy hermosa y muy mujer.

Lo tiene todo bonito
mi Phriné...
Desde el cabello hasta el pie
chiquito.

Ahí tiene usté
disculpado mi delito.
–No es delito.
–Ya lo sé.

(De *El mal poema*)

POLOS Y CAÑAS
(Selección)

En tu cariño pensando,
en vela pasaba el día...
Y por la noche soñando,
soñaba que no dormía.
Tu querer me va matando.

¿Sabes lo que estás haciendo?
Me pones cerca la cara
y me rozas con el pelo.
Esta flamenquilla mala
no sabe lo que está haciendo.

Con lo rojo de tus labios
y lo negro de tus ojos,
paso yo más desazones
que el bendito San Antonio,
aquel de las tentaciones.

Mi corazón me pediste.
No te lo pude negar.
Me lo quieres devolver.
Yo no lo quiero tomar.
¿Qué vamos a hacer con él?

(De *Cante hondo*)

LA PENA

Mi pena es muy mala,
porque es una pena que yo no quisiera
que se me quitara.

Vino como vienen,
sin saber de dónde,
el agua a los mares, las flores a mayo,
los vientos al bosque.

Vino y se ha quedado
en mi corazón,
como el amargo en la corteza verde
del verde limón.

Como las raíces
de la enredadera,
se va alimentando la pena en mi pecho
con la sangre *e* mis venas.

Yo no sé por dónde,
ni por dónde no,
se me ha liao esta soguita al cuerpo
sin saberlo yo.

(De *Cante hondo*)

21

LA AUSENCIA

No tienes quien bese
tus labios de grana
ni quien tu cintura elástica estreche,
dice tu mirada.

No tienes quien hunda
las manos amantes
en tu hermoso pelo, y a tus ojos negros
no se asoma nadie.

Dice tu mirada
que de noche, a solas,
suspiras y dices en la sombra tibia
las terribles cosas…

Las cosas de amores
que nadie ha escuchado,
esas que se dicen los que bien se quieren
a eso de las cuatro.

A eso de las cuatro
de la madrugada,
cuando invade un poco de frío la alcoba
y clarea el alba.

Cuando yo me acuesto,
fatigado y solo,

pensando en tus labios de grana, en tu pelo
y en tus ojos negros.

Diciendo la copla:
A eso de las cuatro,
como tenía a mi compañerita,
dormía en mis brazos.

(De *Cante hondo*)

PEDRO SALINAS

Nació en Madrid en 1891 y murió en Boston en 1951. Cursó las carreras de derecho y filosofía y letras. En 1917 se doctoró en letras, y al año siguiente obtuvo la cátedra de lengua y literatura españolas en la Universidad de Sevilla. Desde 1929 hasta la guerra civil se escalonan los cuatro libros esenciales de su producción poética: *Seguro azar* (1929), *Fábula y signo* (1931), *La voz a ti debida* (1933) y *Razón de amor* (1936). En 1936 se trasladó a Estados Unidos, donde fue profesor de literatura en las universidades de Wellesley y Baltimore. En 1942 reunió toda su obra anterior en el volumen titulado *Poesía junta*, y posteriormente publicó *El contemplado* (1946) y *Todo más claro* (1949). Es también autor de varias obras de teatro, del volumen de cuentos *El desnudo impecable* (1951) y de los estudios literarios *Jorge Manrique o tradición y originalidad* (1947), *La poesía de Rubén Darío* (1947) y *El defensor* (1948). Lumen publicó en el año 2000 su *Poesía completa*.

Sí, por detrás de las gentes
te busco.
No en tu nombre, si lo dicen,
no en tu imagen, si la pintan.
Detrás, detrás, más allá.
Por detrás de ti te busco.
No en tu espejo, no en tu letra,
ni en tu alma.
Detrás, más allá.

También detrás, más atrás
de mí te busco. No eres
lo que yo siento de ti.
No eres
lo que me está palpitando
con la sangre mía en las venas,
sin ser yo.
Detrás, más allá te busco.

Por encontrarte, dejar
de vivir en ti, y en mí,
y en los otros.
Vivir ya detrás de todo,
al otro lado del todo
—por encontrarte—,
como si fuese morir.

(De *La voz a ti debida*)

¡Qué alegría, vivir
sintiéndose vivido!
Rendirse
a la gran certidumbre, oscuramente,
de que otro ser, fuera de mí, muy lejos,
me está viviendo.
Que cuando los espejos, los espías,
—azogues, almas cortas—, aseguran
que estoy aquí, yo, inmóvil,
con los ojos cerrados y los labios,
negándome al amor
de la luz, de la flor y de los nombres,
la verdad trasvisible es que camino
sin mis pasos, con otros,
allá lejos, y allí
estoy buscando flores, luces, hablo.
Que hay otro ser por el que miro el mundo
porque me está queriendo con sus ojos.
Que hay otra voz con la que digo cosas
no sospechadas por mi gran silencio;
y es que también me quiere con su voz.
La vida —¡qué transporte ya!—, ignorancia
de lo que son mis actos, que ella hace,
en que ella vive, doble, suya y mía.
Y cuando ella me hable
de un cielo oscuro, de un paisaje blanco,

recordaré
estrellas que no vi, que ella miraba,
y nieve que nevaba allá en su cielo.
Con la extraña delicia de acordarse
de haber tocado lo que no toqué
sino con esas manos que no alcanzo
a coger con las mías, tan distantes.
Y todo enajenado podrá el cuerpo
descansar, quieto, muerto ya. Morirse
en la alta confianza
de que este vivir mío no era sólo
mi vivir: era el nuestro. Y que me vive
otro ser por detrás de la no muerte.

(De *La voz a ti debida*)

¿Serás, amor,
un largo adiós que no se acaba?
Vivir, desde el principio, es separarse.
En el primer encuentro
con la luz, con los labios,
el corazón percibe la congoja
de tener que estar ciego y solo un día.
Amor es el retraso milagroso
de su término mismo:
es prolongar el hecho mágico,
de que uno y uno sean dos, en contra
de la primera condena de la vida.
Con los besos,
con la pena y el pecho se conquistan
en afanosas lides, entre gozos
parecidos a juegos,
días, tierras, espacios fabulosos,
a la gran disyunción que está esperando,
hermana de la muerte o muerte misma.
Cada beso perfecto aparta el tiempo,
le echa hacia atrás, ensancha el mundo breve
donde puede besarse todavía.
Ni en el llegar, ni en el hallazgo
tiene el amor su cima:
es en la resistencia a separarse
en donde se le siente,

desnudo, altísimo, temblando.
Y la separación no es el momento
cuando brazos, o voces,
se despiden con señas materiales.
Es de antes, de después.
Si se estrechan las manos, si se abraza,
nunca es para apartarse,
es porque el alma ciegamente siente
que la forma posible de estar juntos
es una despedida larga, clara.
Y que lo más seguro es el adiós.

(De *Razón de amor*)

VERDAD DE DOS

Como él vivió de día, sólo un día,
no pudo ver más que la luz.
Se figuraba
que todo era de luz, de sol, de júbilo
seguro, que los pájaros
no pararían nunca de volar y que los síes
que las bocas decían
no tenían revés. La inexorable
declinación del sol hacia su muerte,
el alargarse de las sombras,
juego le parecieron inocente,
nunca presagio, triunfo lento, de lo oscuro.
Y aquel espacio de existir
medido por la luz,
del alba hasta el crepúsculo,
lo tomó por la vida.
Su sonrisa final le dijo al mundo
su confianza en que la vida era
la luz, el día,
la claridad en que existió.
Nunca vio las estrellas, ignorante
de aquellos corazones, tan sin número,
bajo el gran cielo azul que tiembla de ellos.

Ella, sí.
Nació al advenimiento de la noche,

de la primer tiniebla clara hija,
y en la noche vivió.
No sufrió los colores
ni el implacable frío de la luz.
Abrigada
en una vasta oscuridad caliente,
su alma no supo nunca
qué era lo oscuro, por vivir en ello.
Virgen murió de concebir las formas
exactas, las distancias, esas desigualdades
entre rectas y curvas, sangre y nieve,
tan imposibles, por fortuna, en esa
absoluta justicia de la noche.
Y ella vio las estrellas que él no vio.

Por eso
tú y yo, complacidos
de sus felicidades solitarias,
los hemos levantado
de su descanso y su vivir a medias.
Y viven en nosotros, ahora, heridos ya,
él por la sombra y ella por la luz;
y conocen la sangre y las angustias
que el alba abre en la noche y el crepúsculo
en el pecho del día, y el dolor
de no tener la luz que no se tiene
y el gozo de esperar la que vendrá.
Tú, la engañada
de claridad y yo de oscuridades,
cuando andábamos solos,
nos hemos entregado, al entregarnos
error y error, la trágica verdad

llamada mundo, tierra, amor, destino.
Y su rostro fatal se ve del todo
por lo que yo te he dado y tú me diste.
Al nacer nuestro amor se nos nació
su otro lado terrible, necesario,
la luz, la oscuridad.
Vamos hacia él los dos. Nunca más solos.
Mundo, verdad de dos, frutos de dos,
verdad paradisíaca, agraz manzana,
sólo ganada en su sabor total
cuando terminan las virginidades
del día solo y de la noche sola.
Cuando arrojados
en el pecado que es vivir
enamorados de vivir, amándose,
hay que luchar la lucha que les cumple
a los que pierden paraísos claros
o tenebrosos paraísos,
para hallar otro edén donde se cruzan
luces y sombras juntos y la boca
al encontrar el beso encuentra al fin
esa terrible redondez del mundo.

(De *Razón de amor*)

LA FELICIDAD INMINENTE

Miedo, temblor en mí, en mi cuerpo:
temblor como de árbol cuando el aire
viene de abajo y entra en él por las raíces,
y no mueve las hojas, ni se le ve.
Terror terrible, inmóvil.
Es la felicidad. Está ya cerca.
Pegando el oído al cielo se la oiría
en su gran marcha subceleste, hollando nubes.
Ella, la desmedida, remotísima,
se acerca aceleradamente,
a una velocidad de luz de estrella,
y tarda
todavía en llegar porque procede
de más allá de las constelaciones.
Ella, tan vaga e indecisa antes,
tiene escogido cuerpo, sitio y hora.
Me ha dicho: «Voy». Soy ya su destinada presa.
Suyo me siento antes de su llegada,
como el blanco se siente de la flecha,
apenas deja el arco, por el aire.
No queda el esperarla
indiferentemente, distraído,
con los ojos cerrados y jugando
a adivinar, entre los puntos cardinales,
cuál la prohijará. Siempre se tiene
que esperar a la dicha con los ojos

terriblemente abiertos:
insomnio ya sin fin si no llegara.
Por esa puerta por la que entran todos
franqueará su paso lo imposible,
vestida de un ser más que entre en mi cuarto.
En esta luz y no en luces soñadas,
En esta misma luz en donde ahora
se exalta en blanco el hueco de su ausencia,
ha de lucir su forma decisiva.
Dejará de llamarse
felicidad, nombre sin dueño. Apenas
llegue se inclinará sobre mi oído
y me dirá: «Me llamo…».
La llamaré así, siempre, aún no sé cómo,
y nunca más felicidad.

Me estremece
un gran temblor de víspera y de alba,
porque viene derecha, toda, a mí.
Su gran tumulto y desatada prisa
este pecho eligió para romperse en él,
igual que escoge cada mar
su playa o su cantil donde quebrarse.
Soy yo, no hay duda; el peso incalculable
que alas leves transportan y se llama
felicidad, en todos los idiomas
y en el trino del pájaro,
sobre mí caerá todo,
como la luz del día entera cae
sobre los dos primeros ojos que la miran.
Escogido estoy ya para la hazaña
del gran gozo del mundo:

de soportar la dicha, de entregarle
todo lo que ella pide, carne, vida,
muerte, resurrección, rosa, mordisco;
de acostumbrarme a su caricia indómita,
a su rostro tan duro, a sus cabellos
desmelenados,
a la quemante lumbre, beso, abrazo,
entrega destructora de su cuerpo.
Lo fácil en el alma es lo que tiembla
al sentirla venir. Para que llegue
hay que irse separando, uno por uno,
de costumbres, caprichos,
hasta quedarnos
vacantes, sueltos,
al vacar primitivo del ser recién nacidos,
para ella.
Quedarse bien desnudos,
tensas las fuerzas vírgenes
dormidas en el ser, nunca empleadas,
que ella, la dicha, sólo en el anuncio
de su ardiente inminencia galopante,
convoca y pone en pie.

Porque viene a luchar su lucha en mí.
Veo su doble rostro,
su doble ser partido, como el nuestro,
las dos mitades fieras, enfrentadas.
En mi temblor se siente su temblor,
su gran dolor de la unidad que sueña,
imposible unidad, la que buscamos,
ella en mí, en ella yo. Porque la dicha
quiere también su dicha.

Desgarrada, en dos, llega con el miedo
de su virginidad inconquistable,
anhelante de verse conquistada.
Me necesita para ser dichosa,
lo mismo que a ella yo.
Lucha entre darse y no, partida alma;
su lidiar
lo sufrimos nosotros al tenerla.
Viene toda de amiga
porque soy necesario a su gran ansia
de ser
algo más que la idea de su vida;
como la rosa, vagabunda rosa
necesita posarse en un rosal,
y hacerle así feliz, al florecerse.
Pero a su lado, inseparable doble,
una diosa humillada se retuerce,
toda enemiga de la carne esa
en que viene a buscar mortal apoyo.
Lucha consigo.
Los elegidos para ser felices
somos tan sólo carne
donde la dicha libra su combate.
Quiere quedarse e irse, se desgarra,
por sus heridas nuestra sangre brota,
ella, inmortal, se muere en nuestras vidas,
y somos los cadáveres que deja.
Viva, ser viva, en algo humano quiere,
encarnarse, entregada, pero al fondo
su indomable altivez de diosa pura
en el último don niega la entrega,
si no es por un minuto, fugacísima.

En un minuto sólo, pacto,
se la siente total y dicha nuestra.
Rendida en nuestro cuerpo,
ese diamante lúcido y soltero,
que en los ojos le brilla,
rodará rostro abajo, tibio par,
mientras la boca dice: «Tenme».
Y ella, divino ser, logra su dicha
sólo cuando nosotros la logramos
en la tierra, prestándole
los labios que no tiene. Así se calma
un instante su furia. Y ser felices
es el hacernos campo de sus paces.

(De *Razón de amor*)

PABLO NERUDA

Pablo Neruda, seudónimo de Nefatlí Ricardo Reyes, nació en Parral, Linares (Chile) en 1904. Desde 1920 a 1927 residió en Santiago, y en esta época escribió sus primeros libros: *La canción de la fiesta* (1923) y *Veinte poemas de amor y una canción desesperada* (1924), títulos que muestran las primeras fases de su evolución, desde sus inicios posrubenianos hasta la adquisición de un tono más personal. En 1927 empezó su existencia viajera y ocupó varios cargos consulares en China, Ceilán y Birmania. *Residencia en la tierra* (1933) le reveló como un poeta de intensa originalidad, vinculado indirectamente con la corriente surrealista. Desde 1934 a 1938 ocupó el cargo de cónsul de Chile en España, y en esos años entró en contacto con escritores españoles de la generación del 27. En 1941 se instaló en México y, posteriormente, regresó a su patria, donde, en 1945, fue nombrado senador. En 1971 le fue concedido el premio Nobel de Literatura y fue nombrado por Allende embajador en París. Murió en 1973, poco tiempo después del golpe de Estado de Augusto Pinochet. Póstumamente, en 1974, se publicaron sus memorias bajo el título *Confieso que he vivido*. En la colección de poesía de Lumen hemos publicado, entre otros, *Canto general*, *Veinte poemas de amor y una canción desesperada*, *Estravagario*, *Una casa en la arena* y *Los versos del Capitán*. Los poemas de la presente selección pertenecen al libro *Veinte poemas de amor y una canción desesperada*.

POEMA 6

Te recuerdo como eras en el último otoño.
Eras la boina gris y el corazón en calma.
En tus ojos peleaban las llamas del crepúsculo.
Y las hojas caían en el agua de tu alma.

Apegada a mis brazos como una enredadera,
las hojas recogían tu voz lenta y en calma.
Hoguera de estupor en que mi sed ardía.
Dulce jacinto azul torcido sobre mi alma.

Siento viajar tus ojos y es distante el otoño:
boina gris, voz de pájaro y corazón de casa
hacia donde emigraban mis profundos anhelos
y caían mis besos alegres como brasas.

Cielo desde un navío. Campo desde los cerros.
¡Tu recuerdo es de luz, de humo, de estanque en calma!
Más allá de tus ojos ardían los crepúsculos.
Hojas secas de otoño giraban en tu alma.

(De *Veinte poemas de amor
y una canción desesperada*)

POEMA 7

Inclinado en las tardes tiro mis tristes redes
a tus ojos oceánicos.

Allí se estira y arde en la más alta hoguera
mi soledad que da vueltas los brazos como un náufrago.

Hago rojas señales sobre tus ojos ausentes
que olean como el mar a la orilla de un faro.

Solo guardas tinieblas, hembra distante y mía,
de tu mirada emerge a veces la costa del espanto.

Inclinado en las tardes echo mis tristes redes
a ese mar que sacude tus ojos oceánicos.

Los pájaros nocturnos picotean las primeras estrellas
que centellean como mi alma cuando te amo.

Galopa la noche en su yegua sombría
desparramando espigas azules sobre el campo.

(De *Veinte poemas de amor
y una canción desesperada*)

POEMA 12

Para mi corazón basta tu pecho,
para tu libertad bastan mis alas.
Desde mi boca llegará hasta el cielo
lo que estaba dormido sobre tu alma.

Es en ti la ilusión de cada día.
Llegas como el rocío a las corolas.
Socavas el horizonte con tu ausencia.
Eternamente en fuga como la ola.

He dicho que cantabas en el viento
como los pinos y como los mástiles.
Como ellos eres alta y taciturna.
Y entristeces de pronto como un viaje.

Acogedora como un viejo camino.
Te pueblan ecos y voces nostálgicas.
Yo desperté y a veces emigran y huyen
pájaros que dormían en tu alma.

(De *Veinte poemas de amor*
y una canción desesperada)

POEMA 15

Me gustas cuando callas porque estás como ausente,
y me oyes desde lejos, y mi voz no te toca.
Parece que los ojos se te hubieran volado
y parece que un beso te cerrara la boca.

Como todas las cosas están llenas de mi alma
emerges de las cosas, llena del alma mía.
Mariposa de sueño, te pareces a mi alma,
y te pareces a la palabra melancolía.

Me gustas cuando callas y estás como distante.
Y estás como quejándote, mariposa en arrullo.
Y me oyes desde lejos, y mi voz no te alcanza:
déjame que me calle con el silencio tuyo.

Déjame que te hable también con tu silencio
claro como una lámpara, simple como un anillo.
Eres como la noche, callada y constelada.
Tu silencio es de estrella, tan lejano y sencillo.

Me gustas cuando callas porque estás como ausente.
Distante y dolorosa como si hubieras muerto.
Una palabra entonces, una sonrisa bastan.
Y estoy alegre, alegre de que no sea cierto.

(De *Veinte poemas de amor
y una canción desesperada*)

POEMA 20

Puedo escribir los versos más tristes esta noche.

Escribir, por ejemplo: «La noche está estrellada,
y tiritan, azules, los astros, a lo lejos».

El viento de la noche gira en el cielo y canta.

Puedo escribir los versos más tristes esta noche.
Yo la quise, y a veces ella también me quiso.

En las noches como ésta la tuve entre mis brazos.
La besé tantas veces bajo el cielo infinito.

Ella me quiso, a veces yo también la quería.
Cómo no haber amado sus grandes ojos fijos.

Puedo escribir los versos más tristes esta noche.
Pensar que no la tengo. Sentir que la he perdido.

Oír la noche inmensa, más inmensa sin ella.
Y el verso cae al alma como al pasto el rocío.

Qué importa que mi amor no pudiera guardarla.
La noche está estrellada y ella no está conmigo.

Eso es todo. A lo lejos alguien canta. A lo lejos.
Mi alma no se contenta con haberla perdido.

Como para acercarla mi mirada la busca.
Mi corazón la busca, y ella no está conmigo.

La misma noche que hace blanquear los mismos árboles.
Nosotros, los de entonces, ya no somos los mismos.

Ya no la quiero, es cierto, pero cuánto la quise.
Mi voz buscaba el viento para tocar su oído.

De otro. Será de otro. Como antes de mis besos.
Su voz, su cuerpo claro. Sus ojos infinitos.

Ya no la quiero, es cierto, pero tal vez la quiero.
Es tan corto el amor, y es tan largo el olvido.

Porque en noches como ésta la tuve entre mis brazos,
mi alma no se contenta con haberla perdido.

Aunque éste sea el último dolor que ella me causa,
y éstos sean los últimos versos que yo le escribo.

(De *Veinte poemas de amor
y una canción desesperada*)

OLGA OROZCO

Olga Orozco (1920-1999) nació en Toay, La Pampa (Argentina). A los dieciséis años se trasladó a Buenos Aires, donde inició su carrera literaria. Trabajó como periodista, dirigió algunas publicaciones literarias y formó parte de la generación Tercera Vanguardia, de marcada tendencia surrealista. De su obra poética cabe destacar los libros *Las muertes*, *Los juegos peligrosos* y *En el revés del cielo*. En 1998, Lumen publicó una antología de toda su poesía titulada *Eclipses y fulgores*.

CARINA

Yo morí de un corazón hecho cenizas

CROMMELYNCK, *Carina*

Adiós, gacela herida.
Tu corazón manando dura nieve es ahora más frío que la corola
[abierta en la escarcha del lago.
Déjame entre las manos el último suspiro
para envolver en cierzo el desprecio que rueda por mi cara,
el asco de mirar la cenagosa piel del día en que me quedo.
Duerme, Carina, duerme,
allá donde no seas la congelada imagen de toda tu desdicha,
ese cielo caído en que te abismas cuando muere la gloria del
[amor,
y al que la misma muerte llegará ya cumplida.
Tu soledad me duele como un cuerpo violado por el crimen.
Tu soledad: un poco de cada soledad.
No. Que no vengan las gentes.
Nadie limpie su llanto en el sedoso lienzo de tu sombra.
¿Quién puede sostener siquiera en la memoria esa estatua sin
[nadie donde caes?

¿Con qué vano ropaje de inocencia ataviarían ellos tu salvaje
[pureza?
¿En qué charca de luces mortecinas verían esconderse el rostro
[de tu amor consumido en sí mismo como el fuego?
¿Desde qué innoble infierno medirían la sagrada vergüenza de
[tu sangre?
Siempre los mismos nombres para tantos destinos.

51

Y aquel a quien amaste,
el que entreabrió los muros por donde tu pasado huye sin
                              [detenerse como por una herida,
sólo puede morder el polvo de tus pasos,
y llorar, nada más que llorar con las manos atadas,
llorar sobre los nudos del arrepentimiento.
Porque no resucitan a la luz de este mundo los días que
                                                [apagamos.
No hablemos de perdón. No hablemos de indulgencia.
Esos pálidos hijos de los renunciamientos,
esos reyes con ojos de mendigo contando unas monedas en el
                              [desván raído de los sueños,
cuando todo ha caído
y la resignación alza su canto en todos los exilios.
Duerme, Carina, duerme,
triste desencantada,
amparada en tu muerte más alta que el desdén,
allá, donde no eres el deslumbrante luto que guardas por ti
                                                [misma,
sino aquella que rompe la envoltura del tiempo
y dice todavía:
Yo no morí de muerte, Federico,
morí de un corazón hecho cenizas.

(De *Las muertes*)

PARA HACER UN TALISMÁN

Se necesita sólo tu corazón
hecho a la viva imagen de tu demonio o de tu dios.
Un corazón apenas, como un crisol de brasas para la idolatría.
Nada más que un indefenso corazón enamorado.
Déjalo a la intemperie,
donde la hierba aúlle sus endechas de nodriza loca
y no pueda dormir,
donde el viento y la lluvia dejen caer su látigo en un golpe de
                                        [azul escalofrío
sin convertirlo en mármol y sin partirlo en dos,
donde la oscuridad abra sus madrigueras a todas las jaurías
y no logre olvidar.
Arrójalo después desde lo alto de su amor al hervidero de la
                                        [bruma.
Ponlo luego a secar en el sordo regazo de la piedra,
y escarba, escarba en él con una aguja fría hasta arrancar el
                                        [último grano de esperanza.
Deja que lo sofoquen las fiebres y la ortiga,
que lo sacuda el trote ritual de la alimaña,
que lo envuelva la injuria hecha con los jirones de sus antiguas
                                        [glorias.
Y cuando un día un año lo aprisione con la garra de un siglo,
antes que sea tarde,
antes que se convierta en momia deslumbrante,
abre de par en par y una por una todas sus heridas:
que las exhiba al sol de la piedad, lo mismo que el mendigo,

53

que plañe su delirio en el desierto,
hasta que sólo el eco de un nombre crezca en él con la furia del
[hambre;

un incesante golpe de cuchara contra el plato vacío.

Si sobrevive aún,
si ha llegado hasta aquí hecho a la viva imagen de tu demonio o
[de tu dios,
he ahí un talismán más inflexible que la ley,
más fuerte que las armas y el mal del enemigo.
Guárdalo en la vigilia de tu pecho igual que a un centinela.
Pero vela con él.
Puede crecer en ti como la mordedura de la lepra,
puede ser tu verdugo.
¡El inocente monstruo, el insaciable comensal de tu muerte!

(De *Los juegos peligrosos*)

NO HAY PUERTAS

Con arenas ardientes que labran una cifra de fuego sobre el
                                        [tiempo,
con una ley salvaje de animales que acechan el peligro desde su
                                        [madriguera,
con el vértigo de mirar hacia arriba,
con tu amor que se enciende de pronto como una lámpara en
                                        [medio de la noche,
con pequeños fragmentos de un mundo consagrado para la
                                        [idolatría,
con la dulzura de dormir con toda tu piel cubriendo el costado
                                        [del miedo,
a la sombra del ocio que abría tiernamente un abanico de
                                        [praderas celestes,
hiciste día a día la soledad que tengo.

Mi soledad está hecha de ti.
Lleva tu nombre en su versión de piedra,
en un silencio tenso donde pueden sonar todas las melodías del
                                        [infierno;
camina junto a mí con tu paso vacío,
y tiene, como tú, esa mirada de mirar que me voy más lejos
                                        [cada vez,
hasta un fulgor de ayer que se disuelve en lágrimas, en nunca.

La dejaste a mis puertas como quien abandona la heredera de
                [un reino del que nadie sale y al que jamás se vuelve.

Y creció por sí sola,
alimentándose con esas hierbas que crecen en los bordes del
                                                    [recuerdo
y que en las noches de tormenta producen espejismos
                                                    [misteriosos,
escenas con que las fiebres alimentan sus mejores hogueras.
La he visto así poblar las alamedas con los enmascarados que
                                        [inmolan el amor
—personajes de un mármol invencible, ciego y absorto como la
                                                    [distancia–,
o desplegar en medio de una sala esa lluvia que cae junto al mar,
lejos, en otra parte,
donde estarás llenando el cuenco de unos años con un agua de
                                                    [olvido.
Algunas veces sopla sobre mí con el viento del sur
un canto huracanado que se quiebra de pronto en un gemido
                                [en la garganta rota de la dicha,
o trata de borrar con un trozo de esperanza raída
ese adiós que escribiste con sangre de mis sueños en todos los
                                                    [cristales
para que hiera todo cuanto miro.

Mi soledad es todo cuanto tengo de ti.
Aúlla con tu voz en todos los rincones.
Cuando la nombro con tu nombre
crece como una llaga en las tinieblas.

Y un atardecer levantó frente a mí
esa copa del cielo que tenía un color de álamos mojados y en la
                [que hemos bebido el vino de eternidad de cada día,
y la rompió sin saber, para abrirse las venas,
para que tú nacieras como un dios de su espléndido duelo.

56

Y no pudo morir
y su mirada era la de una loca.

Entonces se abrió un muro
y entraste en este cuarto con una habitación que no tiene salidas
y en la que estás sentado, contemplándome, en otra soledad
[semejante a mi vida.

(De *Los juegos peligrosos*)

LA ABANDONADA

Aún no hace mucho tiempo,
cuando el mundo era un vidrio del color de la dicha, no un
                                    [puñado de arena,
te mirabas en alguien igual que en un espejo que te embellecía.
Era como asomarte a las veloces aguas de las ilimitadas
                                    [indulgencias
donde se corregían con un nuevo bautismo los errores,
se llenaban los huecos con una lluvia de oro, se bruñían las
                                    [faltas,
y alcanzabas la espléndida radiación que adquieren hasta en la
                                    [noche los milagros.
Imantabas las piedras con pisarlas.
Hubieras apagado con tu desnudez el plumaje de un ángel.
Y algo rompió el reflejo.
Se rebelaron desde adentro las imágenes.
¿Quién enturbió el azogue?, ¿quién deshizo el embrujo de la
                                    [transparencia?
Ahora estás a solas frente a unos ojos de tribunal helado que
                                    [trizan los cristales,
y es como si en un día la intemperie te hubiera desteñido
y el cuchillo del viento hecho jirones y la sombra del sol
                                    [desheredado.
No puedes ocultar tu pelambre maltrecha, tu mirada de animal
                                    [en derrota,
ni esas deformaciones que producen las luces violentas en las
                                    [amantes repudiadas.

Estás ahí, de pie, sin indulto posible, bajo el azote de la
[fatalidad,
prisionera del mismo desenlace igual que una heroína en el
[carro del mito.
Otro cielo sin dioses, otro mundo al que nadie más vendrá
sumergen en las aguas implacables tu imperfección y tu
[vergüenza.

(De *En el revés del cielo*)

GABRIEL FERRATER

Nació en Reus en 1922 y murió en Sant Cugat en 1972. Cursó estudios de matemáticas en Barcelona, donde conoció a Carlos Barral, Jaime Gil de Biedma y José María Castellet, el núcleo de lo que luego sería la Escuela de Barcelona. Trabajó durante algunos años para la editorial Seix Barral y al final de su vida se dedicó a la lingüística. Publicó tres libros de poemas, *Da nuces pueris* (1960), *Menja't una cama* (1962) y *Teoria dels cossos* (1966), recogidos en *Les dones i els dies* (1968). Lumen publicó en 2002 una traducción al castellano de su obra poética completa, a cargo de María Ángeles Cabré.

EL MUTILADO

Yo sé que no le amas.
A nadie se lo digas.
Los tres, si nos ayudas,
guardaremos el secreto.
Nadie más ha de ver
lo que tú y yo hemos visto.
De la gente y las cosas
que os dieron su amistad,
él se esconderá.
No volverá al café
que está para esperarte.
Vendrán meses con erre:
estará lejos de las mesas
de mármol, donde os servían
las ostras y el vino blanco.
En los días de lluvia,
no mirará el asfalto
donde os habíais visto
cuando a falta de taxis
teníais que ir a pie.
No abrirá más los libros
que le hablaron de ti:
ignorará qué dicen
cuando no hablan de ti.
Y sobre todo, puedes
estar segura, ni tú ni yo

sabremos dónde está.
Se irá confinando
por tierras muy remotas.
Caminará por bosques
oscuros. No le sorprenderá
la azagaya de luz
de nuestra memoria.
Y cuando esté tan lejos
que lo creamos muerto,
podremos recordarle, decir
que no le amabas.
Ya no nos dolerá
saber que tú le faltas.
Será como un espectro
sin vida ni penar.
Como la foto macabra
de una *Gueule Cassée*
que adorna un escaparate
y no nos impresiona.
Por ahora no digamos nada:
no alarmemos a nadie
mostrando la herida
sangrante y purulenta.
Démosle tiempo y olvido.
Callemos hasta que nadie,
ni yo mismo, lo pueda
confundir aún conmigo.

(De *Las mujeres y los días*)

POSEÍDO

Estoy más lejos que amándote. Cuando los gusanos
hagan una cena fría con mi cuerpo,
encontrarán un regusto de ti. Y eres tú
que indecentemente te has amado por mí
hasta llegar al fondo: saciada de ti,
ahora te excitas, te me marchas
tras otro cuerpo y rechazas la paz.
No soy sino la mano con la que vas a tientas.

(De *Las mujeres y los días*)

HABITACIÓN DEL OTOÑO

La persiana, no del todo bajada, como
un pavor que se resiste a caer al suelo,
no nos separa del aire. Mira, se abren
treinta y siete horizontes rectos y delgados,
pero el corazón los olvida. Sin nostalgia
se nos va muriendo la luz, que era de color
de miel y ahora es de color de olor de manzana.
Qué lento el mundo, qué lento el mundo, qué lenta
la pena por las horas que se van
deprisa. Dime, ¿te acordarás
de esta habitación?
                              «La quiero mucho.
Aquellas voces de obreros –¿Qué son?»
                                        Albañiles:
falta una casa en la manzana.
                              «Cantan,
y hoy no los oigo. Gritan, ríen,
y hoy que callan se me hace raro.»
                                   Qué lentas
las hojas rojas de las voces, qué inciertas
cuando vienen a cubrirnos. Dormidas,
las hojas de mis besos van cubriendo
los recovecos de tu cuerpo y, mientras olvidas
las hojas altas del verano, los días
abiertos y sin besos, en el fondo

el cuerpo recuerda: aún
tienes la piel mitad de sol, mitad de luna.

(De *Las mujeres y los días*)

TRO VOS MI SIATZ RENDUDA

Tantas paredes entre tú y yo. La añoranza,
exhausta, no llega hasta ti. No ve cómo se te va haciendo
vida, en lugares y en momentos que son verdad intensa,
no deshechos como su desesperación. Perro
pródigo de confusión brutal, se lanza a revolcarse
por el polvo de un verano sin remedio.
Oh, para la sed demasiado confusa, un solo
hilo de agua, un solo recuerdo tuyo a cada instante,
hasta que me seas devuelta.

(De *Las mujeres y los días*)

ÍDOLOS

Entonces, cuando yacíamos
abrazados frente a la ventana
abierta a la ladera de olivos (dos
semillas desnudas dentro de un fruto que el verano
ha abierto violento, y que se llena
de aire), no teníamos recuerdos. Éramos
el recuerdo que tenemos ahora. Éramos
esta imagen. Los ídolos de nosotros,
para la sumisa fe de después.

(De *Las mujeres y los días*)

NIEVE

Pesada sobre ti. La cara busca
un encaje en tu cuello, y va hablando.
Entra la luz de nieve, y tú recuerdas
qué frío teníais. Ella te va contando
cosas y más cosas, y escuchas y olvidas,
como si te contara un sueño. Hasta que te dice
que el otro día te puso los cuernos. Tiemblas.
        «¿Por qué te sorprende? Ya lo sabes, a veces
alguien se me lleva.»
                «Quizás no me ha sorprendido,
pero me da pena.»
                Y ella se endereza,
se aleja de la injuria en la que tu cuerpo
quiere endurecerse, y con ojos encendidos:
        «Más me da a mí. No sabes cómo es. No hay
nada más horrible. Te encuentras encima
a un hombre cualquiera...».
                        Y sales de ti.
Tiemblas. No hace mucho, en la calle,
ella tenía frío a tu lado.

(De *Las mujeres y los días*)

PERDÓN

Amor, te he pedido perdón
demasiadas veces, hasta que has visto
la argucia del corazón tramposo:
en permiso convierte tu perdón.
　　«Perdón por habértelo pedido.»
Otra chispa se te enciende
y zigzaguea por cien espejos
de suplicado consentimiento.
　　Una torpe magia quiere
deslumbrarte, y ha levantado
(almagres y verdes) una barraca
en una feria suburbial.
　　Amor, no entres allí. Infiel
ayudante del mal histrión,
el corazón, te entrego descubierto
su truco de implorar perdón.
　　Amor, perdón. Perdón por mí.
Un último perdón sin encanto,
no un proyecto de los cristales viles,
el fraude que por ti hicimos.
　　Y aún más. Perdón, perdón
por ahora, por este momento
en que el relampagueo impaciente
me ha hecho temer que te engañara.
　　Yo que no sé dejar el servicio,
demasiado fácil, del corazón absurdo,

he olvidado (¿lo entiendes?)
qué real eres, cómo vives en ti.

(De *Las mujeres y los días*)

MÄDCHEN

Después de veinte minutos por la nieve
(el verano nos avivaba prados,
pero tan llanos, que ahora sólo
pueden desistir virginales,
    y excepto los cables y pilones,
las ideas de la ciudad
que no debemos creernos del todo,
no contrarían al espíritu blanco
    ninguna ironía de ningún cuerpo),
después de todo, qué tiene de extraño
si en los colores encuentro reposo
y me fijo demasiado en los enjambres
    colegiales (gorras de piel
y botas altas y anoraks)
que bajan conmigo del tren.
Me ensordecen, zumbando alemán,
    abejas como por todas partes.
– La eglógica simplicidad
me tienta demasiado. Ahora no veo
mosquitas de sol en enjambre.
    Ahora mismo, miro mejor
no precisamente los ojos que se van volviendo
sino el látex de los pantalones
donde no se cierran interrogantes.
    ¿Habría, pues, aprendido tan poco
para no saber que a lo largo de los años

no nos vuelve a quemar el mismo fuego,
dos mujeres no son iguales?
   ¡Esto que es casi femenino,
oh, qué personal se nos vuelve!
En chica y chica distinguimos
proyectos de alma mortal
   y avara de tiempo y de mundo.
No se admiten cambios, ni me sirve
(cuando el género es un estorbo)
recordar el mito inaugural:
   Eva, *das Mädchen*: neutro puro.
Un fácil ser matinal:
dos muslos, una entrepierna,
dos piececitos que pisan prados.

(De *Las mujeres y los días*)

CARLOS BARRAL

Carlos Barral (Barcelona, 1928-1989) fue poeta, ensayista y editor –como director de Seix Barral y posteriormente de Barral Editores– en un período histórico de importantes cambios políticos y sociales. Considerado como el padre del boom latinoamericano, Barral desarrolló una intensa actividad cultural durante los años cincuenta, sesenta y setenta. Dentro de su poesía, cabe destacar los libros *Metropolitano, Diecinueve figuras de mi historia civil* y *Usuras y figuraciones*. Su obra poética completa fue reunida por Lumen bajo el título *Poesía completa*. Lumen publicó también, en el año 2002, una selección de sus colaboraciones periodísticas titulada *Observaciones a la mina de plomo*. Sus extraordinarias memorias se componen de tres títulos: *Años de penitencia, Los años sin excusa* y *Cuando las horas veloces*. La presente selección ha sido realizada por Alejandro Oliver, especialista en la obra de Barral.

REINO ESCONDIDO

Avant cette époque... je ne vivais pas
encore, je végétais... ce fut alors que
mon âme commença à être susceptible
d'impressions.

No puedo recordar
por qué escogí aquel reino de ladrillo.
¿Por qué el rincón tan húmedo, la esquina
verde del corredor?

Sólo el terror pasaba, a veces
la insolente figura devorada
casi en seguida por la luz.
Estuve solo siempre, al menos
que yo recuerde. Cuando entró

me pareció descalza,
alta la piel desnuda en la agitada penumbra.
Los aires hasta arriba
se tiñeron de ella, y todo olía
a nocturno animal;
yo mismo era su olor, yo mismo
casi como su espuma.

Ya no volvió a pasar.
Quedó su cuerpo en mí, la certidumbre .
por debajo de todos los vestidos.

Quebró las horas del no hacer,
sembró de miedo el mundo
instrumental y blanco, entre temores.

(De *Diecinueve figuras de mi historia civil*)

LUNA DE AGOSTO

Insistió en no acercarse demasiado,
temerosa de la intimidad caliente del esfuerzo,
pero los que pasaban
cerca con los varales y las pértigas
nos sonreían,
y sentía con orgullo su presencia
y que fuese mi prima (aún recuerdo
sus ojos en la linde
del círculo de luz, brillando
como unos ojos de animal nocturno).
Yo quería que viese
aquel vivo episodio de argonautas
que era mi propiedad, de mi experiencia:

Primero las antorchas,
la llama desigual de gasolina,
luego, súbitamente,
la luz del petromax, violenta,
haciendo restallar los colores, el brillo
de la escama pegada a las amuras,
y los hombres,
veinte tal vez, que intentan,
azuzándose a gritos,
mover el casco hacia la mar
que latía detrás como un espejo.

–Mira, ya arranca–.
Una espina de palos
que caen en el momento
preciso, y gime la madera y cantan
los garfios en cubierta.
                         Verde
esmeralda el agua
como menta al trasluz, y ellos
tensos como en un friso
segado por sus hojas, o trepando
desnudos mientras boga
suave olas adentro...

Luego, mientras la lancha se alejaba
se vieron cruzar cuerpos bajo el fanal,
músculos dilatados, armonía
física, y sentimos
que la brisa, como un objeto amable,
se apoderaba del lugar en que dejaron
una estela de huellas y carriles.
Miré a la altura de su voz. –¿Nos vamos?–,
dijo, y la sombra azulada del cabello
la recortaba en una mueca triste.
Dulce.
       Me conmovió que fuera
cosa de la naturaleza, como parte
de su incierto castillo de hermosura.
Pero ahora que la hermosura me parece
cosa de la naturaleza sin misterio,
pienso si no sería por contraste,
si estaría pensando en las medidas
de su gloria cercana, en los silencios

de un atento aspirante al notariado
con zapatos lustrosos y un destino
decente...
            Caminaba
despacio hacia la calle alborotada.
Las luces del festejo
brincaban en su blusa
como una gruesa sarta de abalorios.

(De *Diecinueve figuras de mi historia civil*)

HOMBRE EN LA MAR

II

Y tú, amor mío, ¿agradeces conmigo
las generosas ocasiones que la mar
nos deparaba de estar juntos? ¿Tú te acuerdas,
casi en el tacto, como yo,
de la caricia intranquila entre dos maniobras,
del temblor de tus pechos
en la camisa abierta cara al viento?

Y de las tardes sosegadas,
cuando la vela débil como un moribundo
nos devolvía a casa muy despacio...
Éramos como huéspedes de la libertad,
tal vez demasiado hermosa.

El azul de la tarde,
los húmedos violetas que oscurecían el aire
se abrían
y volvían a cerrarse tras nosotros
como la puerta de una habitación
por la que no nos hubiéramos
atrevido a preguntar.
            Y casi
nos bastaba un ligero contacto,
un distraído cogerte por los hombros

y sentir tu cabeza abandonada,
mientras alrededor se hacía triste
y allá en tierra, en la penumbra
parpadeaban las primeras luces.

(De *Diecinueve figuras de mi historia civil*)

LA COUR CARRÉE

Oh rápida, te amo.
Oh zorra apresurada al borde del vestido
y límite afilado de la bota injuriante,
rodilla de Artemisa fugaz entre la piedra,
os amo,
sombra huidiza en la escalera noble,
espalda entre trompetas por el puente.
Oh vagas, os envidio,
imágenes parejas en los grises
vahos de las cristaleras entornadas,
impacientes
—que llegan a las citas con retraso—
nervios de los que habitan (el descuido
seguro y arrogante de la puerta entreabierta
y el gesto ordenador de las cosas que miran).
Lo quiero casi todo:
la puerta del palacio con armas y figuras,
el nombre de los reyes y el latón de República.
Quiero tus ojos de extranjera ingenua
y la facilidad sin alma del copista.
Quiero esta luz de ahora. Es mi deseo
estar abierto, atento, hasta que parta.
Y quisiera que alguien me dijera
adiós,
contenida, riendo entre las lágrimas.

Extranjero en las puertas, no estás solo.
Mi apurada tristeza te acompaña.

(De *Usuras y figuraciones*)

JOSÉ AGUSTÍN GOYTISOLO

Nació en Barcelona en 1928 y murió en la misma ciudad en 1999. Su infancia estuvo marcada por la muerte de su madre, Julia Gay, en uno de los bombardeos que asolaron la ciudad condal en el año 1938. Empezó a estudiar derecho en la Universidad de Barcelona y terminó la carrera en Madrid, donde conoció a otros poetas de su generación, como José Ángel Valente o José Manuel Caballero Bonald. Como poeta se dio a conocer con *El retorno* (1955), que le convirtió en el poeta más famoso de lo que más tarde se llamaría la generación del cincuenta, integrada, entre otros por Jaime Gil de Biedma, Carlos Barral o Ángel González. Con *Salmos al viento* (1956) ganó el premio Boscán, y en 1959 el Ausias March con *Claridad*. Otros títulos destacables de su vasta producción son *Bajo tolerancia* (1973), *Taller de arquitectura* (1977), *Del tiempo y del olvido* (1980), *Como los trenes de la noche* (1994) y *Cuadernos de El Escorial* (1995). La presente selección ha sido elaborada a partir de la amplia antología que Carme Riera preparó de toda su obra y que se publicó en 2003 con el título *Los poemas son mi orgullo*.

A VECES

A veces
      alguien te sonríe tímidamente en un supermercado
      alguien te da un pañuelo
      alguien te pregunta con pasión qué día es hoy en la sala
         de espera del dentista
      alguien mira a tu amante o a tu hombre con envidia
      alguien oye tu nombre y se pone a llorar.

A veces
      encuentras en las páginas de un libro una vieja foto de
         la persona que amas y eso te da un tremendo
         escalofrío
      vuelas sobre el Atlántico a más de mil kilómetros por
         hora y piensas en sus ojos y en su pelo
      estás en una celda mal iluminada y te acuerdas de un
         día luminoso
      tocas un pie y te enervas como una quinceañera
      regalas un sombrero y empiezas a dar gritos.

A veces
      una muchacha canta y estás triste y la quieres
      un ingeniero agrónomo te saca de quicio
      una sirena te hace pensar en un bombero o en un
         equilibrista
      una muñeca rusa te incita a levantarle las faldas a tu
         prima

un viejo pantalón te hace desear con furia y con dulzura
a tu marido.

A veces

        explican por la radio una historia ridícula y recuerdas a
            un hombre que se llama Leopoldo
        disparan contra ti sin acertar y huyes pensando en tu
            mujer y en tu hija
        ordenan que hagáis esto o aquello y enseguida te
            enamoras de quien no hace ni caso
        hablan del tiempo y sueñas en una chica egipcia
        apagan lentamente las luces de la sala y ya buscas la
            mano de tu amigo.

A veces

        esperando en un bar a que ella vuelva escribes un
            poema en una servilleta de papel muy fino
        hablan en catalán y quisieras de gozo o lo que sea
            morder a tu vecina
        subes una escalera y piensas que sería bonito que el
            chico que te gusta te violara antes del cuarto piso
        repican las campanas y amas al campanero o al cura o a
            Dios si es que existiera
        miras a quien te mira y quisieras tener todo el poder
            preciso para mandar que en ese mismo instante se
            detuvieran todos los relojes del mundo.

A veces

        sólo a veces gran amor.

(De *A veces gran amor*)

IDILIO Y MARCHA NUPCIAL

Y vi que todo era vanidad y apacentarse de viento.

Eclesiastés, 2, 11

I

Mirad a los amantes, vedlos
en la apacible umbría del jardín.
Entre el susurro, como un vuelo de plumas
gemebundas, entre el ir y venir
de nobles pensamientos,
se palpa la presencia del amor,
de su severo y principal mandato.

Los amantes se aman, señoras y señores,
con seriedad canónica. Ahora,
queda muy lejos todo aquello
del arrebato pasional, ¡oh fruto
nefasto de poetas licenciosos
de un mal llamado Renacimiento,
histórica y humanamente despreciable!

El camino del hombre está marcado
por leyes sempiternas, y además,
la autoridad ha establecido claras normas
para estos menesteres. Los amantes
deben acomodarse al juicio exacto,

a la moral more geométrico demonstrata,
a los capítulos, al fin primordial,
al uso y no al abuso res pudendae.

Éstos son los preceptos, éstas son
las razones. Los amantes prosiguen
su trabajoso amarse, y se aman, observadlo,
día tras día, hasta la culminación
de este proceso necesario. Pues ahora,
en la etapa preparatoria de las nuptiae,
es cuando deben sentarse los cimientos
de este gran edificio, cual es,
como todos sabemos, la familia.

II

Pero vedlos, más tarde. Ya llegaron
a la meta propuesta. Es el gran día.
Todo se dijo, todo está cumplido.
Avanzan los amantes, mientras
los familiares se voltean, y el tumulto
de los curiosos, y las flores, y todo
está pagado, y ella puso el armario
y la vitrina, y él luce buen talante,
papel seguro, inteligencia activa,

y la música suena, retumba,
crece hasta el cielo, ya estarán los pollos
asándose en el Ritz, ya se ilumina
la cara de la novia, llantos, hipo,
la música, la música, ya llegan,

hay un chaqué alquilado, sonríen las amigas,
todo está dicho, qué calor, y sigue
la Gran Marcha Nupcial, enorme,
viva, que ya no cesará en los corazones
de los dulces amantes que, sabedlo,
seguirán, no haya duda, para siempre,
amándose y amándose sin término.

(De *Salmos al viento*)

UNA HISTORIA DE AMOR

Se amaban. Era el tiempo
de las primeras lluvias de verano
y se amaban. Los días
fueron como una larga cinta blanca
que rodeara sus cuerpos enlazados.

Pasó un año, tal vez,
y luego tres o siete, y todavía
ellos se amaban muy directamente,
buscándose en la sombra de los parques,
en los lechos furtivos.

No hablaban casi nunca. Ella decía
que la esperaban, que tenía miedo,
y él trabajaba en la oficina,
y miraba al reloj, esperando la hora
de volver a su lado nuevamente.

Eran distintos y se amaban. Él
estaba casado con una rubia idiota,
y ella tenía cuatro hijos
y un marido metódico y alegre
que nunca la entendió.

Se amaban en silencio
como cumpliendo un gran deber.
Sus vidas eran diferentes, pero
algo muy fuerte les unía, algo
que quedaba cumplido en sus abrazos.

(De *Algo sucede*)

ALTA FIDELIDAD

Entre todos los ruidos de la noche
yo distingo sus pasos. Sé
cómo va vestida, lo que piensa,
qué música prefiere. No me importa
su nombre, dónde vive
o en la casa de quién, y todavía
mucho menos aún qué hará mañana,
hacia dónde se irá, qué oscuros trenes
la envolverán con su jadeo sordo,
qué manos retendrán su mano tibia.

Ella camina ahora, y yo la siento
cerca de mí, real, cansada, siempre
con ojos asombrados, esperando
que algo nuevo suceda, algo que cambie
el monótono ritmo de las horas,
un gesto, acaso, que ella entendería,
y no sabe cuál es. Sólo la noche
acompaña sus pasos desolados,
le da cobijo entre las multitudes;
sólo la noche, como yo, la espera.

(De *Algo sucede*)

LA NOCHE LE ES PROPICIA

Todo fue muy sencillo:
ocurrió que las manos
                 que ella amaba
tomaron por sorpresa
su piel y sus cabellos;
                 que la lengua
descubrió su deleite.
¡Ah detener el tiempo!
                 Aunque la historia
tan sólo ha comenzado
y sepa que la noche
                 le es propicia
teme que con el alba
continúe con sed
                 igual que siempre.
Ahora el amor la invade
una vez más. ¡Oh tú
                 que estás bebiendo!
Apiádate de ella
su garganta está seca
                 ni hablar puede.
Pero escucha su herido
respirar; la agonía
                 de un éxtasis
y el ruego: no te vayas
no no te vayas. ¡Quiero
                 beber yo!

(De *La noche le es propicia*)

EL BUEN AMOR

Pared contra pared la soledad más fea
    y amarilla
te encerró te apartó de todo lo que amabas
    o era tuyo
    y con pasos de zorra

se metió en el reloj y empezó a trastocar
    todas las horas
para que no supieses ni pudieras notar
    que terminaba
    tu tiempo en el festín

y así fue como un sucio desaliento se echó
    sobre tus hombros
tal un pájaro enorme en una madrugada
    sórdida y cruel
    con aires de desgracia

y fue entonces recuerda cuando en el abandono
    o desamor
pronunciaste su nombre repetiste su nombre
    como un niño
    perdido entre la sombra.

Por azar o conjuro tal nombre te ha devuelto
    a los días

de la más clara luz y ahora notas la brisa
    el fresco olor
    de un sitio que conoces

de una casa rodeada de flores y senderos
    donde el sueño
cruza por galerías altísimas y blancas
    como velas
    de un navío al largar

y jugando te ocultas al final de un pasillo
    y aguardas
que llegue la muchacha que quieres y la asustas
    con las hojas
    de un ramo de laurel

y cuando ella se ríe contra tu pecho huérfano
    ya sientes
que su piel y su pelo tienen gusto de mar
    que está temblando
    y que sus labios queman.

Ahora ya no despiertas en horas miserables
    cuando un frío
de angustia estremecía la noche en bancarrota
    acuchillando
    tu cansancio hasta el alba

ni tienes pesadillas o apariciones súbitas
    ojos sin rostro
de personas que amabas y desaparecieron
    alejándose
    tal faros en la niebla

y tampoco es preciso que cuentes hasta mil
    o que enciendas
todos los cigarrillos que tu insomnio pedía
    para alcanzar
    la total desmemoria

ya que todo es distinto cuando ella está contigo
    cuando sientes
que respira en la almohada junto a ti y que sus manos
    te acarician
    mientras el sueño cae.

No quieras indagar deja perderse el humo
    el turbio vaho
de años de penitencia: un tiempo que fue tuyo
    y que ahora
    no reconocerías;

sube hasta los balcones de la mañana y canta
    canta sin más
a la esperanza al viento a los caminos que aquí
    te devolvieron
    por conjuro o azar

y dile a esta muchacha lo que antes no sabías
    cuéntale
que cruzabas perdido por lugares sin nombre
    que fuiste
    enfermo y ella te sanó

que escuchando su voz te sientes renacer
    y amas la vida

100

porque te ha dispensado la fortuna y la gracia
de conocer
el hondo el buen amor.

(De A veces gran amor)

JAIME GIL DE BIEDMA

Nació en 1929, en Barcelona, ciudad en la que residió, se licenció en derecho en 1959 y murió en enero de 1990. Considerado como uno de los poetas mayores de la poesía española del presente siglo, su quehacer literario –marcado por el rigor, la lucidez y el hedonismo– se centra en el conflicto entre ética personal y realidad social, en la construcción de la propia identidad con materiales rescatados del pasado cultural, histórico y familiar, en la experiencia amorosa y en el paso del tiempo. Sus primeros versos aparecieron en 1953 con el título *Según sentencia del tiempo*. Siguieron *Compañeros de viaje* (1959), *En favor de Venus* (1965), *Moralidades* (1966) y *Poemas póstumos* (1968), reunidos, ordenados y corregidos por el propio autor en *Las personas del verbo*, obra ya clásica de nuestra historia literaria.

PANDÉMICA Y CELESTE

quam magnus numerus Libyssae arenae
...
aut quam sidera multa, cum tacet nox,
furtiuos hominum uident amores.

CATULO, VII

Imagínate ahora que tú y yo
muy tarde ya en la noche
hablemos hombre a hombre, finalmente.
Imagínatelo,
en una de esas noches memorables
de rara comunión, con la botella
medio vacía, los ceniceros sucios,
y después de agotado el tema de la vida.
Que te voy a enseñar un corazón,
un corazón infiel,
desnudo de cintura para abajo,
hipócrita lector –*mon semblable, –mon frère!*

Porque no es la impaciencia del buscador de orgasmo
quien me tira del cuerpo hacia otros cuerpos
a ser posible jóvenes:
yo persigo también el dulce amor,
el tierno amor para dormir al lado
y que alegre mi cama al despertarse,
cercano como un pájaro.
¡Si yo no puedo desnudarme nunca,
si jamás he podido entrar en unos brazos

sin sentir –aunque sea nada más que un momento–
igual deslumbramiento que a los veinte años!

Para saber de amor, para aprenderle,
haber estado solo es necesario.
Y es necesario en cuatrocientas noches
–con cuatrocientos cuerpos diferentes–
haber hecho el amor. Que sus misterios,
como dijo el poeta, son del alma,
pero un cuerpo es el libro en que se leen.

Y por eso me alegro de haberme revolcado
sobre la arena gruesa, los dos medio vestidos,
mientras buscaba ese tendón del hombro.
Me conmueve el recuerdo de tantas ocasiones...
Aquella carretera de montaña
y los bien empleados abrazos furtivos
y el instante indefenso, de pie, tras el frenazo,
pegados a la tapia, cegados por las luces.
O aquel atardecer cerca del río
desnudos y riéndonos, de yedra coronados.
O aquel portal en Roma –en via del Babuino.
Y recuerdos de caras y ciudades
apenas conocidas, de cuerpos entrevistos,
de escaleras sin luz, de camarotes,
de bares, de pasajes desiertos, de prostíbulos,
y de infinitas casetas de baños,
de fosos de un castillo.
Recuerdos de vosotras, sobre todo,
oh noches en hoteles de una noche,
definitivas noches en pensiones sórdidas,
en cuartos recién fríos,

¡noches que devolvéis a vuestros huéspedes
un olvidado sabor a sí mismos!
La historia en cuerpo y alma, como una
imagen rota,
de la langueur goutée à ce mal d'être deux.
Sin despreciar
—alegres como fiesta entre semana—
las experiencias de promiscuidad.

Aunque sepa que nada me valdrían
trabajos de amor disperso
si no existiese el verdadero amor.
Mi amor,
            íntegra imagen de mi vida,
sol de las noches mismas que le robo.

Su juventud, la mía,
—música de mi fondo—
sonríe aún en la imprecisa gracia
de cada cuerpo joven,
en cada encuentro anónimo,
iluminándolo. Dándole un alma.
Y no hay muslos hermosos
que no me hagan pensar en sus hermosos muslos
cuando nos conocimos, antes de ir a la cama.

Ni pasión de una noche de dormida
que pueda compararla
con la pasión que da el conocimiento,
los años de experiencia
de nuestro amor.

Porque en amor también
es importante el tiempo,
y dulce, de algún modo,
verificar con mano melancólica
su perceptible paso por un cuerpo
–mientras que basta un gesto familiar
en los labios,
o la ligera palpitación de un miembro,
para hacerme sentir la maravilla
de aquella gracia antigua,
fugaz como un reflejo.

Sobre su piel borrosa,
cuando pasen más años y al final estemos,
quiero aplastar los labios invocando
la imagen de su cuerpo
y de todos los cuerpos que una vez amé
aunque fuese un instante, deshechos por el tiempo.
Para pedir la fuerza de poder vivir
sin belleza, sin fuerza y sin deseo,
mientras seguimos juntos
hasta morir en paz, los dos,
como dicen que mueren los que han amado mucho.

(De *Moralidades*)

ALBADA

Despiértate. La cama está más fría
y las sábanas sucias en el suelo.
Por los montantes de la galería
    llega el amanecer,
con su color de abrigo de entretiempo
    y liga de mujer.

Despiértate pensando vagamente
que el portero de noche os ha llamado.
Y escucha en el silencio: sucediéndose
hacia lo lejos, se oyen enronquecer
los tranvías que llevan al trabajo.
    Es el amanecer.

Irán amontonándose las flores
cortadas, en los puestos de las Ramblas,
y silbarán los pájaros –cabrones–
desde los plátanos, mientras que ven volver
la negra humanidad que va a la cama
    después de amanecer.

Acuérdate del cuarto en que has dormido.
Entierra la cabeza en las almohadas,
sintiendo aún la irritación y el frío
    que da el amanecer

junto al cuerpo que tanto nos gustaba
en la noche de ayer,

y piensa en que debieses levantarte.
Piensa en la casa todavía oscura
donde entrarás para cambiar de traje,
y en la oficina, con sueño que vencer,
y en muchas otras cosas que se anuncian
desde el amanecer.

Aunque a tu lado escuches el susurro
de otra respiración. Aunque tú busques
el poco de calor entre sus muslos
medio dormido, que empieza a estremecer.
Aunque el amor no deje de ser dulce
hecho al amanecer.

–Junto al cuerpo que anoche me gustaba
tanto desnudo, déjame que encienda
la luz para besarse cara a cara,
en el amanecer.
Porque conozco el día que me espera,
y no por el placer.

(De *Moralidades*)

PARÍS, POSTAL DEL CIELO

Ahora, voy a contaros
cómo también yo estuve en París, y fui dichoso.

Era en los buenos años de mi juventud,
los años de abundancia
del corazón, cuando dejar atrás padres y patria
es sentirse más libre para siempre, y fue
en verano, aquel verano
de la huelga y las primeras canciones de Brassens,
y de la hermosa historia
de casi amor.

Aún vive en mi memoria aquella noche,
recién llegado. Todavía contemplo,
bajo el Point Saint Michel, de la mano, en silencio,
la gran luna de agosto suspensa entre las torres
de Notre Dame, y azul
de un imposible el río tantas veces soñado
—*It's too romantic*, como tú me dijiste
al retirar los labios.

¿En qué sitio perdido
de tu país, en qué rincón de Norteamérica
y en el cuarto de quién, a las horas más feas,
cuando sueñes morir no te importa en qué brazos,
te llegará, lo mismo

que ahora a mí me llega, ese calor de gentes
y la luz de aquel cielo rumoroso
tranquilo, sobre el Sena?

Como sueño vivido hace ya mucho tiempo,
como aquella canción
de entonces, así vuelve al corazón,
en un instante, en una intensidad, la historia
de nuestro amor,
confundiendo los días y sus noches,
los momentos felices,
los reproches

y aquel viaje −camino de la cama−
en un vagón del Metro Étoile-Nation.

(De *Moralidades*)

CANCIÓN DE ANIVERSARIO

Porque son ya seis años desde entonces,
porque no hay en la tierra, todavía,
nada que sea tan dulce como una habitación
para dos, si es tuya y mía;
porque hasta el tiempo, ese pariente pobre
que conoció mejores días,
parece hoy partidario de la felicidad,
¡cantemos, alegría!

Y luego levantémonos más tarde,
como domingo. Que la mañana plena
se nos vaya en hacer otra vez el amor,
pero mejor: de otra manera
que la noche no puede imaginarse,
mientras el cuarto se nos puebla
de sol y vecindad tranquila, igual que el tiempo,
y de historia serena.

El eco de los días de placer,
el deseo, la música acordada
dentro en el corazón, y que yo he puesto apenas
en mis poemas, por romántica;
todo el perfume, todo el pasado infiel,
lo que fue dulce y da nostalgia,
¿no ves cómo se sume en la realidad que entonces
soñabas y soñaba?

La realidad –no demasiado hermosa–
con sus inconvenientes de ser dos,
sus vergonzosas noches de amor sin deseo
y de deseo sin amor,
que ni en seis siglos de dormir a solas
las pagaríamos. Y con
sus transiciones vagas, de la traición al tedio,
del tedio a la traición.

La vida no es un sueño, tú ya sabes
que tenemos tendencia a olvidarlo.
Pero un poco de sueño, no más, un si es no es
por esta vez, callándonos
el resto de la historia, y un instante
–mientras que tú y yo nos deseamos
feliz y larga vida en común–, estoy seguro
que no puede hacer daño.

(De *Moralidades*)

CONVERSACIÓN

Los muertos pocas veces libertad
alcanzáis a tener, pero la noche
que regresáis es vuestra,
vuestra completamente.

Amada mía, remordimiento mío,
la nuit c'est toi cuando estoy solo
y vuelves tú, comienzas
en tus retratos a reconocerme.

¿Qué daño me recuerda tu sonrisa?
¿Y cuál dureza mía está en tus ojos?
¿Me tranquilizas porque estuve cerca
de ti en algún momento?

La parte de tu muerte que me doy,
la parte de tu muerte que yo puse
de mi cosecha, cómo poder pagártela...
Ni la parte de vida que tuvimos juntos.

¿Cómo poder saber que has perdonado,
conmigo sola en el lugar del crimen?
¿Cómo poder dormir, mientras que tú tiritas
en el rincón más triste de mi cuarto?

(De *Poemas póstumos*)

T'INTRODUIRE DANS MON HISTOIRE...

La vida a veces es tan breve
y tan completa que un minuto
—cuando me dejo y tú te dejas—
va más aprisa y dura mucho.

La vida a veces es más rica.
Y nos convida a los dos juntos
a su palacio, entre semana,
o los domingos a dar tumbos.

La vida entonces, ya se cuenta
por unidades de amor tuyo,
tan diminutas que se olvidan
en lo feliz, en lo confuso.

La vida a veces es tan poco
y tan intensa —si es tu gusto...
Hasta el dolor que tú me haces
da otro sentido a ser del mundo.

La vida, luego, ya es nosotros
hasta el extremo más inmundo.
Porque quererse es un castigo
y es un abismo vivir juntos.

(De *Poemas póstumos*)

116

ALEJANDRA PIZARNIK

Nacida en Buenos Aires en 1936, publicó sus primeros poemas cuando apenas contaba veinte años. A comienzos de la década de los sesenta vivió unos años en París, donde entabló amistad con Andé Pieyre de Mandiargues, Octavio Paz, Julio Cortázar y Rosa Chacel. De regreso a Buenos Aires, pasó el resto de su vida dedicada a escribir. Murió en Buenos Aires el 25 de septiembre de 1972. Lumen ha publicado su *Poesía completa* (2000), su *Prosa completa* (2002) y sus *Diarios* (2003).

EN TU ANIVERSARIO

Recibe este rostro mío, mudo, mendigo.
Recibe este amor que te pido.
Recibe lo que hay en mí que eres tú.

(De *Los trabajos y las noches*)

AMANTES

una flor
        no lejos de la noche
        mi cuerpo mudo
    se abre
a la delicada urgencia del rocío

(De *Los trabajos y las noches*)

BUSCAR

No es un verbo sino un vértigo. No indica acción. No quiere decir *ir al encuentro de alguien* sino *yacer porque alguien no viene.*

(Inédito, 1962-1972)

EN ESTA NOCHE, EN ESTE MUNDO

A Martha Isabel Moia

en esta noche en este mundo
las palabras del sueño de la infancia de la muerte
nunca es eso lo que uno quiere decir
la lengua natal castra
la lengua es un órgano de conocimiento
del fracaso de todo poema
castrado por su propia lengua
que es el órgano de la re-creación
del re-conocimiento
pero no el de la resurrección
de algo a modo de negación
de mi horizonte de maldoror con su perro
y nada es promesa
entre lo decible
que equivale a mentir
(todo lo que se puede decir es mentira)
el resto es silencio
sólo que el silencio no existe

no
las palabras
no hacen el amor
hacen la ausencia
si digo agua ¿beberé?
si digo pan ¿comeré?

en esta noche en este mundo
extraordinario silencio el de esta noche
lo que pasa con el alma es que no se ve
lo que pasa con la mente es que no se ve
lo que pasa con el espíritu es que no se ve
¿de dónde viene esta conspiración de invisibilidades?
ninguna palabra es visible

sombras
recintos viscosos donde se oculta
la piedra de la locura
corredores negros
los he recorrido todos
¡oh quédate un poco más entre nosotros!

mi persona está herida
mi primera persona del singular

escribo como quien con un cuchillo alzado en la oscuridad
escribo como estoy diciendo
la sinceridad absoluta continuaría siendo
lo imposible
¡oh quédate un poco más entre nosotros!

los deterioros de las palabras
deshabitando el palacio del lenguaje
el conocimiento entre las piernas
¿qué hiciste del don del sexo?
oh mis muertos
me los comí me atraganté
no puedo más de no poder más

palabras embozadas
todo se desliza
hacia la negra licuefacción

y el perro de maldoror
en esta noche en este mundo
donde todo es posible
salvo
el poema

hablo
sabiendo que no se trata de eso
siempre no se trata de eso
oh ayúdame a escribir el poema más prescindible
     el que no sirva ni para
     ser inservible
ayúdame a escribir palabras
en esta noche en este mundo

(De *Los pequeños cantos*)

LUIS IZQUIERDO

Poeta y profesor de literatura en la Universidad de Barcelona. Especialista en Hermann Broch, a quien dedicó su tesis de licenciatura, ha estudiado asimismo la novela moderna, desde Flaubert a Kafka, con especial atención a la representación de la ciudad en la literatura. Conocedor también de la mejor poesía del siglo XX, desde Auden, Brodsky o Gabriel Ferrater hasta Jaime Gil de Biedma o Carlos Barral, su poesía discurre por caminos propios y apartados de modas y corrientes. De entre su escasa rigurosa obra poética, cabe destacar *Calendario del nómada*, *El ausente* y *Señales de nieve*. Los dos primeros poemas de esta selección, «Letanías profanas» y «Mount Adams» pertenecen al libro *Señales de nieve*, publicado por la editorial Pamiela en 1995 y que próximamente serán recuperados por Lumen en una antología de toda la obra poética del autor. El tercero, «Patria, de dos», pertenece al libro *No hay que volver*, publicado por Lumen en el año 2003.

LETANÍAS PROFANAS

He querido escribir un poema
de amor un claro vastísimo
poema de amor.

Durante muchos días con sus (ojos
de lince) noches he
querido escribir este amor
sus melódicas piernas y sus labios
encendidos y
sus pechos sosegados
elocuentes cadenciosos
que he custodiado (celoso,
por supuesto)
sin otras concesiones
que no fueran las de la pasión
más desordenada
que atravesé rozando las salmodias
Rosa Mystica Turris Eburnea
Speculum Maiestatis.

Un infinito tiempo irreversible
se ovilla en los anhelos escolares
cuando transido
por tantas ignorancias sospechaba
sin éxtasis los grandes monumentos
de las regiones devastadas

y sublimaba en otros la postguerra:
incandescentes velos de novicia
a cal y canto,
virginales sopores del incienso
a la sombría luz de las imágenes,
sólo brillaban
sus iris cristalinos.

¿Eran doncellas o núbiles relámpagos
que ardían en silencio? ¿O eran ojos
no más, entreverados de fiebre y placidez
y mecidos al filo
del Tantum Ergo o de las notas
cam iubilo del maestro Lecuona
que confluir veía en ramillete
—sin penas— de azucenas?

¿O era una flor latina?
La llamaría Vincapervinca
y es en el fondo sólo la cuaresma
tan peculiar como irreconocible
de la Enseñanza Media o demediada
de la nerviosa pubertad molida
por el amor el tiempo la ignorancia
de plazos y de límites del canto.

Siempre a través de anhelos
y del ceremonioso espíritu
he querido extraer un poema del constante
poema de amor sucesivo
pero lo interrumpían muertes o aletazos

de muerte de poetas siempre agónicos
o que están en peligro de morir.

Así que no podía transcribir ese inmenso
poema de amor que no consigo
sus claras piernas sus amorosas
fauces los abrazos que llegan a quebrar
la respiración en un ahogo
que es el aliento máximo el instante
dador de todo el aire al cuerpo en vilo
y el extractor también de la fruición sin límites
donde la atmósfera
da vueltas y se eclipsan las pupilas
y en blanco todo el orbe desencaja
memoria y luz al tiemo de su ritmo
y el estertor se funde en el ozono
de purísimas cumbres abismáticas
se llama muerte ah pero es mi amor
tus dulces piernas tus abrazos el suscitado
peso que arrastra de tus ojos esas lágrimas
que tanto lloraré tus arrebatos
de furia o de alegría exorbitante
cuando el limo me cubra y ya no pueda
decir siquiera cuánto la quería
desde el presente sordo que no canta
pero alienta con ella que eres tú
libre sin fin y summa de pronombres.

Y hasta el olvido en que arderá el deseo
trasunto de nosotros sin historia
te dirá en toda piedra y en el blanco
que efunde el sol eterno de los cuerpos

resueltos a unidad cuánto mi amor
te quería sin fin y te tenía
y te quería
como quieren los astros silenciosos
y el diamante de arcilla que quemamos.

(De *Señales de nieve*)

MOUNT ADAMS

À nous deux

Te contemplo y te sé sobre este río
lento del tiempo y los atardeceres
caudales del espacio compartido.
Y estoy mirando lo que ven tus ojos
azules ante el tiempo,
constantes en el aire luminoso.
Pulsamos la confianza
de impulsar con sus nombres otros rumbos
en devenir de instantes
sumidos en futuros ignorados.

Y en nuestra panorámica
nacemos a la suerte
cruzada del placer entre tareas,
dudas y alarmas.
                          Grávidos
retornan con su ritmo los momentos
en vilo del pasado.
El mundo es un compás
de instantes en nosotros sin medida,
con mi cuerpo en el tuyo
desde el fervor presente enajenado.

La luz decae, pero no atardece
nunca en Mount Adams.
Fluyen las aguas y no cesa

nuestra mirada en ellas, transparente
mientras el aire es nuestro todavía.

(De *Señales de nieve*)

PATRIA, DE DOS

Los ojos son los mismos que miraron,
azules, el país de ayer, secreto.
Ahora miran, de piedra, la extensión
de un paisaje perdido en el cemento.
(La patria aumenta, menos carismática,
y así estraga el espacio para un tiempo
desmemoriado, con el objetivo
del colapso final, pero es su método.)
La tierra alquitranada es un enigma
para extender los pies
sonámbulos, o huérfanos.
Vivir dependerá de quién te mire
constante en compartir
algunas fantasías, moderadas
por la conciencia de que no son hechos.
Así descubrirás otro país
a comentar con ella, y discutirlo
para ver si resulta verdadero.
No hay futuro si no hay una mirada
que interrumpa la tuya, o la acompañe
partícipe y constante en pretenderlo:
libre de los dictados, de homilías
y de lo que conviene a un ministerio.

Lo que importa es seguir y, sin sentencias,
platicar y vivir,
saber del tiempo.

(De *No hay que volver*)

CRISTINA PERI ROSSI

Nació en Montevideo, Uruguay, en 1941. Estudió música y biología, y se licenció en literatura comparada. Publicó su primer libro de narrativa, *Viviendo*, en 1963 y se convirtió en una de las escritoras más notables de su generación. En 1972 se instaló en Barcelona y obtuvo la nacionalidad española. De su obra narrativa cabe mencionar *Solitario de amor*, *Desastres íntimos* o *La nave de los locos*. Lumen ha publicado casi toda su poesía, donde destacan *Babel bárbara* (premio Ciudad de Barcelona, 1992), *Otra vez Eros*, *Aquella noche*, *Diáspora* y *Las musas inquietantes*.

DIÁSPORA

Con la túnica larga
que le compraste a un marroquí en Rabat
y ese aire dulce e impaciente
que arrastras por la plaza
las sandalias sobre el polvo
el pelo largo
bajo la túnica nada
si se puede llamar nada a tu cuerpo
quemado por los soles de Rabat
más la pasión que despertaste en un negro en las calles de
[Cadaqués
que no son calles
sino caminos de piedra
y olímpica te sentaste en el bar hippie
rodeada de tus amigos de túnicas y pelos largos
a beber oporto y fumar hachís
ah qué melena te llovía sobre los hombros esa tarde en Cadaqués
con aquellas ropas que desafiaban las normas
pero eran otras normas
las normas de la diferenciación
de acuerdo
cambiemos un burgués por otro
ah qué túnica arrastrabas sobre las piedras
peregrinación como aquella
solamente Jesucristo la emprendiera
Nada tenía que hacer en Cadaqués más que mirarte a los ojos

mientras tú viajabas en hachís en camellos casi blancos
[de largas pestañas
que acariciaban como los ojos de una doncella
sé que te gustan las mujeres
casi tanto como los negros
casi tanto como los indios
casi tanto como te gustan las canciones de Barbara
yo no tenía nada que hacer en Cadaqués
más que seguirte la pista
como un perro entrenado
buscarte
calles empinadas
casas blancas
el sol del Mediterráneo
viejo sol
cálido sol
ah no me mires así
te perdí en Rabat
te busqué en barca
pequeño Cadaqués
las niñas pálidas que fuman hachís y pasean en camellos
[de largas pestañas
en el maldito bar de hippies
no me dejaron entrar
juré que no tenía cuenta bancaria
es cierto
¿Cómo explicarles el azar?
No tengo auto
no tengo televisor
no tengo acciones ni crédito bancario
por casualidad
el viento me trajo a Cadaqués

estoy buscando a la niña de la túnica larga
la que paseaba por las calles
como Jesucristo
y va dejando atrás
negros borrachos
amigos muertos
y un roce de sandalias
Tus amigos
no me dejaron entrar al bar
el agua había caído toda la tarde
me preocupé por tu pelo
tu cabello mojado
hay que ser cuidadosa
me desvelo por ti
el campanario dio otro cuarto
¿estarías escondida en el confesionario?
Ah Barbara
no me mortifiques
deja a esa niña en paz
quiero verla caminar por Cadaqués
y tener un estremecimiento de címbalo
vibrar en el aire
como el agudo de un vaso
Ah Mediterráneo
suelta a esa niña
déjala bogar en mi memoria
su fascinación de túnica pálida
el silencio que envuelve su paseo por las plazas
la fricción de sus sandalias
suavemente sobre el polvo
convienen más a mi memoria
que a tu historial de aguas

En Cadaqués un pájaro negro se paseaba
tan negro como un cuervo
tan gris como el reflejo del Mediterráneo en las ventanas
aquella tarde que llovía en Cadaqués
y con paso ligero pero digno
con velocidad y nobleza
—sin dejar caer los tules ni los chales—
como reinas que huyen majestuosamente
las barcas volvían de sus citas
al amarradero de la playa
Y mientras te buscaba
observé que el famoso altar de la iglesia
era un poco recargado
un problema de formas excesivamente hinchadas
un embarazo eterno
algo difícil de largar
Demasiado oro para mí
mientras sólo dos viejas comulgaban
y una pareja de hippies observaba la ceremonia
con delectación no exenta de ironía
—una cultura de rituales—
y maldito sea
¿es que no se te había ocurrido refugiarte en la iglesia
en el altar mayor recargado de oro y púrpura
esa tarde que llovía en Cadaqués,
protegiéndote de la tramontana?
De modo que salí
justo a tiempo para escuchar que desde un lugar
salía una música
salía una música
que te juro no era Barbara cantando *À peine*
una música y un cantor que venían de lejos

de un país que tú no conocías y era mi país
el país abandonado en diáspora
el país ocupado por el ejército nacional
una música y un cantor que yo había escuchado en mi infancia
que no fue una dorada infancia en Cadaqués con paseos en barca
–Marcel Proust–
y pesca submarina
y Barbara ya no perseguía a la niña de túnica larga
y tuve frío por primera vez en Cadaqués
y cuando alguien me habló en francés
le contesté hijo de puta
y cuando vi a dos hippies abrazados les grité hijos de puta
y cuando una holandesa me preguntó algo mostrándome
                              [un mapa en su delicada mano
le dije hija de puta
y ya no estabas en Cadaqués,
lo juro,
todas las túnicas eran túnicas sucias
y nadie usaba sandalias
y me son indiferentes todas las mujeres
todas las tierras
todos los mares,
Mediterráneo, poca cosa,
Cadaqués, piedra sobre piedra,
tú,
nada más que una niña muy viciosa.

(De *Diáspora*)

No quisiera que lloviera
te lo juro
que lloviera en esta ciudad
sin ti
y escuchar los ruidos del agua
al bajar
y pensar que allí donde estás viviendo
sin mí
llueve sobre la misma ciudad
Quizás tengas el cabello mojado
el teléfono a mano
que no usas
para llamarme
para decirme
esta noche te amo
me inundan los recuerdos de ti
discúlpame,
la literatura me mató
pero te le parecías tanto.

(De *Diáspora*)

CRUCE DE CALLES

Bajo la luz del semáforo
(No morí entonces, como era de esperar)
volver a vernos
(Unas canas más, ah, qué raro vestido)
saludarnos –incertidumbre entre la mano y el beso–
Ibas rumbo a la oficina
tanto tiempo sin vernos
(en cambio, moriré de cosas veniales)
«Leo en los periódicos lo que escribes»
escribo más que eso, te juro
He pagado el precio, y aún más,
«Un día de éstos podríamos encontrarnos»
(te juro: no morí por eso)
Recordaremos los amigos, los paseos
Como una pequeña piedra del zapato
extraerás de la memoria alguna anécdota común
el semáforo cambia
Nunca supe qué era el olvido.

(De *Otra vez Eros*)

TANGO

La ciudad no eras vos
No era tu confusión de lenguas
ni de sexos
No era el cerezo que florecía –blanco–
detrás del muro
como un mensaje de Oriente
No era tu casa
de múltiples amantes
y frágiles cerraduras

La ciudad era esta incertidumbre
la eterna pregunta –quién soy–
dicho de otro modo: quién sos.

(De *Otra vez Eros*)

ANA MARÍA MOIX

Nacida en 1947 en Barcelona, donde cursó estudios de filosofía y letras, fue poeta y narradora precoz. José María Castellet la incluyó en la famosa antología *Nueve novísimos poetas españoles*, y entre 1969 y 1972 dio a conocer tres libros de poesía, *Baladas del Dulce Jim*, *No time for flowers* y *Call me stone*, recogidos en 1984 en un solo volumen que Lumen publicó con el título *A imagen y semejanza*. En 1970 publicó *Julia*, una primera y extraordinaria novela, a la que siguieron los relatos recogidos en *Ese chico pelirrojo a quien veo cada día*, la novela *Walter, ¿por qué te fuiste?*, otra colección de cuentos titulada *Las virtudes peligrosas* y una biografía novelada de la emperatriz Sissi, *Vals negro*. En el año 2002, Lumen publicó su libro más reciente, *De mi vida real nada sé*, una nueva colección de cuentos.

Me gustaría estar con todos en todas partes escuchando una bella melodía: que hay que vivir, amigos, que hay que vivir, aunque sea cierto que morimos en un banco del paseo una tarde de invierno, con el corazón encogido, intentando aprender a pronunciar la palabra amor.

(De *Baladas del Dulce Jim*)

Me enamoré como los pájaros una madrugada hasta la noche con la seguridad de haber vivido; aunque sea cierto que tal vez mañana el mar nos busque por las calles y nos ofrezca un lirio para cubrir el hueco de nuestro antiguo corazón.

(De *Baladas del Dulce Jim*)

Nevó en el mar. Y por fin caminé sobre el inmenso hielo hacia la blanca lejanía. Una cruz señalaba el lugar en el mapa. Crucé el océano y ya iba a alcanzar el sol cuando grité de pena y con las uñas abrí hendiduras en la helada capa para ver el mar. Las gaviotas, muertas de frío en las rocas, me ayudaron a recobrar el miedo que sienten los adolescentes cuando cesan en su llanto por las noches y se inventan un amable desconocido que acariciándoles la cabeza les ayuda a hablar sobre el amor.

(De *Baladas del Dulce Jim*)

JAVIER VELAZA

Nacido en Castejón en 1963, es profesor de filología latina en la Universidad de Barcelona, poeta y crítico literario. Ha publicado *Mar de amores* y *latines* (Pamplona, 1996, premio Ángel Urrutia) y *De un dios bisoño* (Madrid 1998, premio José Hierro), además de varios libros y numerosos artículos de investigación sobre literatura latina, epigrafía romana y lenguas paleohispánicas. Los poemas aquí seleccionados pertenecen al libro *Los arrancados*, publicado por Lumen en 2002.

DESNUDA

Desnuda tú, la noche cicatriza
como restablecida por un bálsamo.
Mi miedo tiene miedo y huye a guarecerse
en la cueva sinuosa del recuerdo.
                                    Desnuda
tú, se instaura un dominio tranquilo, ese oasis
regado por el dócil caudal del abandono.

Las cosas son allí como las cosas
habrían de ser, pan es el pan y el vino
adormece el dolor de vida que me punza
como plaga intestina de alfileres.
Allí mi patria es sólo tu perímetro,
y no hay pleamar que venga a zozobrarme,
y allí se acaba todo y todo empieza y todo
permanece.

                Así las cosas,
desnuda tú.

                Pero después te vistes.
Cuánto aborrezco yo que tú te vistas,
que te vayas poniendo una a una
esas abominables prendas del desconsuelo
—tus braguitas del pánico, una blusa
color incertidumbre, calcetines

de guerras y la falda
inconsútil de la ofuscación–.
De mundo te me vistes, de catástrofe,
y debes de saber que lo detesto,
porque usas de un sigilo escrupuloso entonces,
y yo me hago el dormido y me pregunto
qué males cometí para tanta condena,
qué inicua ley es esta que le pone
tasa a tu desnudez
                              y a la alegría.

Hay que hacer perdurable este espejismo.
Tenemos que excavar un foso a dentelladas
y erigir con las uñas murallas colosales.
Y yo seré un ejército sanguinario.
                              Y haremos
de esta pequeña cama una trinchera
donde tú estés desnuda para siempre.

(De *Los arrancados*)

MY WAY

Yo moriré gritando, a buen seguro.

No del dolor orgánico –confío–,
que habría de saber paliar químicamente
un par de amigos míos secuaces de Galeno.
No por miedo al rigor de una sentencia
pronunciada en castigo de presuntos pecados,
–que ese juicio es invento pueril del pueril hombre–.
Ni tampoco en virtud del narcisismo romo
que a otros aferra al clavo de cualquier trascendencia.

No tal. Mucho peor la razón de mi aullido,
y más inconsolable y más abrumadora.

Yo moriré gritando la rabia de perderte,
el dolor medular de saber que me aguarda
una infinita nada por un tiempo infinito
no viviendo un no tú para nunca jamás.

No hay nada peor que eso. Turbaré de alaridos
la gravedad ridícula de todos los estoicos,
la pacata sonrisa de los reconfortados,
la dignidad estéril de los que nada esperan.

No será edificante, lo sé. Tendrán que atarme,
ponerme una mordaza para que no se asusten

los niños y que puedan los vecinos dormir,
y desearán que deje de gritar, que me muera
de una maldita vez. No será un buen ejemplo,
ciertamente.
            Pero ellos no te aman como yo,
ni sabrán que en mis gritos yo te estaré entregando
a golpes de laringe el amor que aún me quede,
por no llevarme nada a donde tú no estés.

(De *Los arrancados*)

EL SALVAVIDAS

No es inútil amarse,
                    finalmente.
Lo mismo que amaestrar serpientes, nos exige
técnica refinada y perder la vergüenza
de actuar frente al mundo en taparrabos.
Y unos nervios de acero.
                    Pero amar es oficio
saludable también: su liturgia apacigua
el ocio que enajena –como supo Catulo–
y perdió a las ciudades más felices.
Bajo la cuerda floja dispone –no pidáis
una red, porque tal no es posible– otra cuerda,
tan floja,   pero última
        tan inútil a veces,
bajo la cual no hay nada.
                    Y entreabre
ventanas que te oreen la cólera y exhiban
a tu noche otras noches diferentes, y así
sólo el amor nos salva a fin de cuentas
del peligro peor que se conoce:
ser sólo –y nada más– nosotros mismos.

Por eso,
        ahora que está ya dicho todo y tengo
un sitio en el país de la blasfemia,
ahora que este dolor de hacer palabra

con el propio dolor
                              traspasa los umbrales
del miedo,
              necesito de tu amor analgésico;
que vengas con tus besos de morfina a sedarme,
y rodees mi talle con tus brazos
haciendo un salvavidas, para impedir que me hunda
la plomada letal de la tristeza;
que me pongas vestidos de esperanza –ya casi
no recordaba una palabra así–,
aunque me queden grandes como a un niño
la camisa más grande de su padre;
que administres mi olvido y el don de la inconsciencia;
que me albergues de mí –mi enemigo peor
y más tenaz–, que me hagas un socaire,
aunque sea mentira
                              –porque todo es mentira
y la tuya es piadosa–;
                              que me tapes los ojos
y digas ya pasó, ya pasó, ya pasó
–aunque nada se pase, porque nada se pasa–,
ya pasó,
        ya pasó,
                ya pasó,
                        ya pasó.

Y si nada nos libra de la muerte,
al menos que el amor nos salve de la vida.

                              (De *Los arrancados*)

ALBERT BALASCH

Nacido en Barcelona en 1971, es autor de una *nouvelle* titulada *A fora* y de otro poemario, *Què ha estat això* (premio Recull, 2002). Los poemas aquí seleccionados pertenecen al libro *Decaer* publicado por Lumen en 2003 en edición bilingüe y traducidos del catalán por Eva Garrido.

Te veo con el pelo mojado, los ojos en el corazón mirando
                                                    [las gotas.
Ya derraman tus pechos detalles de otra vida sin tiempo.
Ya se mueve tu boca, carne de carne roja, hacia aquí,
la nueva isla de los desconocidos, que te hablan sin lengua.

Te veo porque no estás, en cada paso ya dicho de mi pasado,
en cada noche podrida de locura, en cada línea métrica.
Y te quiero así, desconocida, quieta, fuera de los inicios,
atenta al daño que sabes, que sé, nos queremos hacer sin
                                                    [encontrarnos.

Tan sólo, eso sí, no dejaremos de reír juntos. Y el uno del otro.

                                            (De *Decaer*)

Por última vez visto allí,
detrás de su mano deforme,
rogando que todo acabe. Lentamente
la oscuridad lo tapó lo dobló
sobre su mesa, sin tiempo
para entrever entre los dedos el amor.
Así, no visto por última vez,
en sus ojos, el indicio de un trozo de alma
o nada que se le pueda parecer.

«jus lo front»

(De *Decaer*)

yo estaba bien bastante bien
tenía el aire los ojos
los ojos en el aire y tenía
tenía esto y todo esto
hasta que–
hasta que llegaron

entonces aquí
cerca la cosa para sonreír
poder rogar y estarme quieto
vencido correcto
hasta que–
hasta que llegaron

yo estaba bien estaba contigo
y era tu amigo tu amante
ya sabes
cadáveres
hasta que–
hasta que llegaron

entonces
ni nunca me echaron de menos
ni nunca escapé
ya sabes
palabras

(De *Decaer*)

163

ÍNDICE DE PRIMEROS VERSOS

ÍNDICE